15 Volkskinderlieder

WoO 31

By

Johannes Brahms

For Piano and Voice

1857

British Library Cataloguing-in-Publication Data
A catalogue record for this book is available from
the British Library

Volks-Kinderlieder

mit hinzugefügter Klavierbegleitung

Den Kindern Robert und Clara Schumann's gewidmet

Johannes Brahms
(Veröffentlicht 1858)

1. Dornröschen

Andante

Gesang / Pianoforte

p una corda

1. Im tie-fen Wald im Dor-nen-hag, da schläft die Jung-frau hun-dert Jahr, es schläft die Flieg an der Wand, in dem Schloß Hund und Roß, es schläft wohl auf dem Herd der Brand.

2. Der Rit-ter zog sein Schwert da frisch und hieb sich ab das Dorn-ge-büsch, und ging hin-ein ins Kö-nigs-haus, ins Kämmer-lein zum Bet-te-lein, küßt auf den Mund die schla-fen-de Braut.

3. Da wacht das schö-ne Mäg-de-lein, schenkt ihm ihr fei-nes Rin-ge-lein, die Flieg er-wa-chet an der Wand, in dem Schloß Hund und Roß, auf dem Herd er-wacht der Feu-er-brand.

2. Die Nachtigall

Allegretto

Gesang

1. Sitzt a schöns Vö-gerl aufm Dan-na-baum, tut nix als sin-ga und
2. Noan, mai Schatz, das is koan Nach-ti-gall, noan, mai Schatz, das darfst nit

Pianoforte

schrain; was muß denn das für a Vö-gerl sain? Das muß a
glaubn; koan Nach-ti-gall schlägt auf oa-nam Dan-na-baum, schlägt in a

Nach-ti-gall sain!
Ha-sel-nuß-staudn.

3. Die Henne

Con moto

Gesang / Pianoforte

1. Ach, mein Henn-lein,— bi— bi— bi! Meld du— di!
2. Ach, mein Henn-lein,— bi— bi— bi! Meld du— di!
3. Ach, mein Henn-lein,— bi— bi— bi! Meld du— di!
4. Ach, mein Henn-lein,— bi— bi— bi! Meld du— di!
5. Ach, mein Henn-lein,— bi— bi— bi! Meld du— di!

Ach, mein Henn-lein, bi— bi— bi! Saht ihr nit mein
Ach, mein Henn-lein, bi— bi— bi! Als i bei dem
Ach, mein Henn-lein, bi— bi— bi! Was wird da die
Ach, mein Henn-lein, bi— bi— bi! Muß ge-schwind zur
Ach, mein Henn-lein, bi— bi— bi! Geh die Gas — -se

Henn-lein lau-fen? möcht mir gleich die Haar aus-rau-fen!
Bub ge-ses-sen, hat sie noch ihr Fut-ter— gfres-sen!
Mut-ter— sa-gen? sie wird mich zum Tor—'naus ja-gen!
Stadt hin-lau-fen, muß ein an--der Henn-lein— käu-fen!
auf— und— nie-der, fin--de grad mein Henn-lein— wie-der!

6. Ach, mein Henn-lein, bi— bi— bi! Hab i— di! Ach, mein Henn-lein,

bi _ bi _ bi! Mei _ ne Mut _ ter gibt mir Bro _ cken, soll da _ mit mein Hennlein lo _ cken.

Ach, mein Hennlein, bi bi _ bi, bi bi bi, und das Bröck _ li, _ das schluck i!

4. Sandmännchen

Andante

Gesang

1. Die Blü _ me _ lein sie schla _ fen schon längst im Mon _ den _
Vö _ ge _ lein sie san _ gen so süß im Son _ nen _
männ _ chen kommt ge _ schli _ chen und guckt durchs Fen _ ster _
männ _ chen aus dem Zim _ mer, es schläft mein Herzchen

Pianoforte

molto piano e dolce, una corda

schein, sie ni _ cken mit den Köp _ fen auf ih _ ren Sten _ ge _ lein.
schein, sie sind zur Ruh ge _ gan _ gen in ih _ re Nestchen klein.
lein, ob ir _ gend noch ein Lieb _ chen nicht mag zu Bet _ te sein.
fein, es ist gar fest ver _ schlos _ sen schon sein Guck _ äu _ ge _ lein.

Es rüt-telt sich der Blü - tenbaum, es_ säu - selt wie im Traum:
Das Heimchen in dem Äh - rengrund, es_ tut al - lein sich kund:
Und wo es nur ein Kind - chen fand, streut er ihm in die Au - gen Sand.
Es leuch-tet mor-gen mir Willkomm das Äu - ge - lein so fromm!

Schla - fe, schla - fe, schlaf du, mein Kin-de - lein! - lein!
Schla - fe, schla - fe, schlaf du, mein Kin-de - lein! - lein!
Schla - fe, schla - fe, schlaf du, mein Kin-de - lein! - lein!
Schla - fe, schla - fe, schlaf du, mein Kin-de - lein! - lein!

2. Die
3. Sand -
4. Sand -

5. Der Mann

Con moto

Gesang

Pianoforte

1. Wil - le wil - le will, der Mann ist kom - men,
2. Wil - le wil - le will, der Mann ist kom - men,
3. Wil - le wil - le will, was solls noch ge - ben?
4. Wil - le wil - le will, mein Kind ist ar - tig,

wil - le wil - le will, was bracht er dann? Wil - le wil - le will, viel
wil - le wil - le will, was bringt er mehr? Wil - le wil - le will, gar
wil - le wil - le will, ein Rü - te - lein! Wil - le wil - le will, er
wil - le wil - le will, mein Kind ist still! Wil - le wil - le will, das

Zu - cker - waf - feln, wil - le wil - le will, dies Kin - de - lein soll han!
hüb - sche Sa - chen, wil - le wil - le will, die Ta - schen sind ihm schwer!
hör - te schrei - en, wil - le wil - le will, ein schlimmes Bü - be - lein!
Rüt - lein ge - ben, wil - le wil - le will, dem der es e - ben will!

6. Heidenröslein

Andante con moto

Gesang

1. Sah ein Knab ein Rös_lein stehn, Rös_lein auf der Hei _ den;
2. Kna _ be sprach: Ich bre _ che dich, Rös_lein auf der Hei _ den!
3. Und der wil _ de Kna _ be brach 'sRös_lein auf der Hei _ den;

Pianoforte

p legato

war so jung und mor_gen_schön, lief er schnell es nah zu sehn, sahs mit vie _ len
Rös_lein sprach: Ich ste_che dich, daß du e_wig denkst an mich, und ich wills nicht
Rös_lein wehr _ te sich und stach, half ihm doch kein Weh und Ach, mußt es e _ ben

Freu_den. Rös_lein, Rös_lein, Rös_lein rot, Rös_lein auf der Hei _ den.
lei _ den! Rös_lein, Rös_lein, Rös_lein rot, Rös_lein auf der Hei _ den.
lei _ den. Rös_lein, Rös_lein, Rös_lein rot, Rös_lein auf der Hei _ den.

7. Das Schlaraffenland

Gesang / **Pianoforte** — Allegro

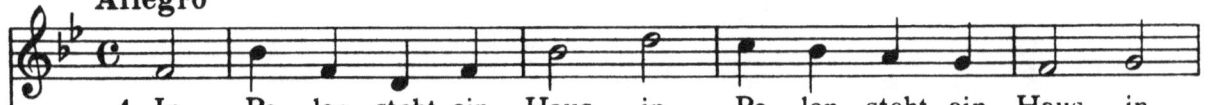

1. In Po-len steht ein Haus, in Po-len steht ein Haus, in
2. Im Haus ist ei-ne Magd, im Haus ist ei-ne Magd, das
3. Die Magd steht an der Tür, die Magd steht an der Tür, die
4. Sag, Bru-der, willst du Bier? Sag, Bru-der, willst du Bier? Sag,

Po-len steht ein pol-sches Haus, da gehn die Krie-ger ein und aus, da gehn die Krieger
ist 'ne hüb-sche Schen-kenmagd, die bringt den Gä-sten was be-hagt, die bringt den Gä-sten
Magd steht an der Kam-mer-tür und zieht die Krei-den nie her-für, und zieht die Kreiden
ist der Wein noch lie-ber dir, so schen-ke dir vom be-sten ein, so schen-ke dir vom

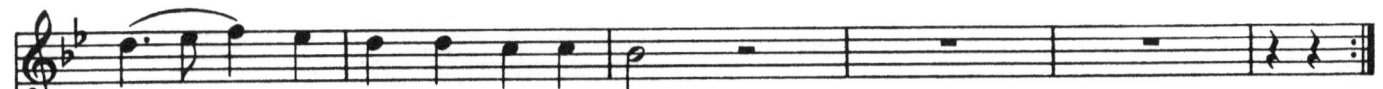

ein,——— da gehn die Krie-ger aus.
was be-hagt, was ei-ner im-mer fragt.
nie her-für, um-sonst kriegt je-der hier!
be-sten ein, so schen-ke dir nur ein!

8ª Beim Ritt auf dem Knie

Allegretto

Gesang

1. Ull Mann wull ri_den, wull hat he ken Pärd; ull Frau nohm
2. Ull Mann wull ri_den, wull hat he ken Tom; ull Frau nohm
3. Ull Mann wull ri_den, wull hat he ken Mütz; ull Frau nohm
4. Ull Mann wull ri_den, wull hat he ken Sadl; ull Frau nohm

Pianoforte

mf

f

Zi_cken_buck, sett den ull Mann da_rupp leht ihm su ri_ _den.
Hem_den_sohm, macht dem ull Mann en Tom, leht ihm su ri_ _den.
Topp voll Grütz, macht dem ull Mann en Mütz, leht ihm su ri_ _den.
Lin_den_blatt, klebt dem ull Mann fürt Gatt, leht ihm su ri_ _den.

8ᵇ Beim Ritt auf dem Knie

Allegretto

Gesang

1. Alt Mann wollt rei_ten und hat_te kein Pferd; alt Frau nahm'n
2. Alt Mann wollt rei_ten und hat_te kein'n Hut; alt Frau nahm'n
3. Alt Mann wollt rei_ten und hat_te kein'n Sporn; alt Frau nahm'n

Pianoforte

mf

f

Zie - gen - bock, setzt den al - ten Mann da - ropp und ließ ihn rei - ten.
schwarzen Topf, setzt'n dem al - ten Mann auf'n Kopf und ließ ihn rei - ten.
Ha - sel - dorn, gab'n dem al - ten Mann zu Sporn und ließ ihn rei - ten.

4. Alt Mann wollt reiten
Und hatte kein'n Sattel;
Alt Frau nahm'n Unterrock,
Setzt den alten Mann daropp
Und ließ ihn reiten.

5. Alt Mann wollt reiten
Und hatte kein'n Zaum;
Alt Frau nahm'n Hemdensaum,
Gab'n dem alten Mann zum Zaum
Und ließ ihn reiten.

6. Alt Mann wollt reiten
Und hatte kein Peitsch;
Alt Frau nahm'n Katzenschwanz,
Gab'n dem alten Mann in d'Hand
Und ließ ihn reiten.

9. Der Jäger im Walde

Allegro

Gesang

1. Der Jä - ger in dem Wal - de sich su - chet sei - nen Auf - ent -
2. Mein Hün - de - lein ist stets bei mir in die - sem grü - nen Laub - ge -

Pianoforte

halt, mit Hund und Wehr wohl hin und her, mit Hund und Wehr wohl hin und her, ob
wölb, mein Hündchen wacht, mein Herz es lacht, mein Hündchen wacht, mein Herz es lacht, die

für _ ihn, ob für _ ihn, ob für ihn nichts zu tref - fen _ wär.
Au - gen, die Au - gen, die Au - gen ge - hen hin und _ her.

10. Das Mädchen und die Hasel

Allegretto

Gesang

1. Es wollt ein Mäd-chen bre-chen gehn die Ro-sen in der Hei-de; was
2. Gutn Tag, gutn Tag, lieb Ha-sel mein, wa-rum bist du so grü-ne? Hab
3. Wa-rum daß ich so schö-ne bin, das will ich dir wohl sa-gen; ich

Pianoforte

p *leggiero*

fand sie da am We-ge stehn? Ein Ha-sel, die war grü-ne. Was fand sie da am
Dank, hab Dank, wacker Mäg-de-lein, wa-rum bist du so schö-ne? Hab Dank, hab Dank, wacker
eß weiß Brot, trink küh-len Wein, da-von bin ich so schö-ne; ich eß weiß Brot, trink

We-ge stehn? Ein Ha-sel, die war grü-ne.
Mäg-de-lein, wa-rum bist du so schö-ne?
küh-len Wein, da-von bin ich so schö-ne.

4. Iß't du weiß Brot, trinkst kühlen Wein
Und bist davon so schöne,
ǀ: So fällt alle Morgen Tau auf mich,
Davon bin ich so grüne.:ǀ

5. So fällt alle Morgen Tau auf dich
Und bist davon so grüne;
ǀ: Wenn aber ein Mädchen seinen Kranz verliert,
Sie kriegt ihn nimmer wieder.:ǀ

6. Wills Mädchen ihren Kranz behalten,
Zu Hause muß sie bleiben;
ǀ: Darf nicht auf alle Narrentanz gehn,
Die Narrentanz muß sie meiden.:ǀ

7. Hab Dank, hab Dank, lieb Hasel mein,
Daß du mir das gesaget;
ǀ: Hatt mich sonst heut aufn Narrentanz bereit't,
Zu Hause will ich nun bleiben.:ǀ

11. Wiegenlied

Con moto

Gesang

Pianoforte

1. Schlaf, Kindlein schlaf! Der Va - ter hüt't die Schaf, die
2. Schlaf, Kindlein schlaf! Am Him - mel ziehn die Schaf, die
3. Schlaf, Kindlein schlaf! So schenk ich dir ein Schaf, mit
4. Schlaf, Kindlein schlaf! Und bläk nicht wie ein Schaf, sonst
5. Schlaf, Kindlein schlaf! Geh fort und hüt die Schaf, geh

Mut - ter schüt - telt 's Bäu - me - lein, da fällt her - ab ein Träu - me - lein.
Stern - lein sind die Läm - me - lein, der Mond der ist das Schä - fer - lein.
ei - ner gold - nen Schel - le fein, das soll dein Spiel - ge - sel - le sein.
kommt des Schä - fers Hün - de - lein und beißt mein bö - ses Kin - de - lein.
fort, du schwar - zes Hün - de - lein, und weck mir nicht mein Kin - de - lein!

Schlaf, Kind - lein schlaf!
Schlaf, Kind - lein schlaf!
Schlaf, Kind - lein schlaf!
Schlaf, Kind - lein schlaf!
Schlaf, Kind - lein schlaf!

12. Weihnachten

Con moto

Gesang — Vorsänger · Alle · Vorsänger

1. Uns leuch_tet heut der Freu_de Schein! Auf Ju_bel_klang! Wir
2. Vom Him_mel kommt er zart und lind. Auf Ju_bel_klang! Auf
3. Vor ew_ger Ju_gend hel_lem Schein. Auf Ju_bel_klang! Sinkt
4. Die gan_ze Welt er_ste_het jung. Auf Ju_bel_klang! In_

Pianoforte — poco f · f · poco f

Alle

grü_ßen den er_kor_nen Herrn! Strömt aus in Fest_ge_sang! Wir
Blu_men ein_ge_wiegt ein Kind. Strömt aus in Fest_ge_sang! Auf
al_les dü_stre Al_te ein._ Strömt aus in Fest_ge_sang! Sinkt
neu_er Glau_bens_ta_ten Schwung. Strömt aus in Fest_ge_sang! In_

grü_ßen den er_kor_nen Herrn! Strömt aus in Fest_ge_sang!
Blu_men ein_ge_wiegt ein Kind. Strömt aus in Fest_ge_sang!
al_les dü_stre Al_te ein._ Strömt aus in Fest_ge_sang!
neu_er Glau_bens_ta_ten Schwung. Strömt aus in Fest_ge_sang!

13. Marienwürmchen

Andante

Gesang

Pianoforte

p dolce

1. Ma - ri - en - würm - chen, se - - tze dich   auf mei - ne
2. Ma - ri - en - würm - chen, flie - - ge weg,   dein Häus - chen
3. Ma - ri - en - würm - chen, flie - - ge hin   zu Nach - bars

Hand,   auf mei - ne Hand,   ich tu dir nichts zu   lei - de;   es soll dir
brennt,   die Kin - der schrein   so seh - re, ach, so   seh - re;   die bö - se
Kind,   zu Nachbars Kind,   sie tun dir nichts zu   lei - de;   es soll dir

nichts   zu leid ge - schehn,   will nur dei - ne bun ten Flü - gel
Spin - ne spinnt sie ein,   Ma - ri - en - würm - chen flieg hin -
ja   kein Leid ge - schehn,   sie wolln dei - ne bun ten Flü - gel

sehn,   bun - te Flü - gel,   bun - te Flü - gel mei - ne Freu - de!
ein,   dei - ne Kin - der,   dei - ne Kin - der schrei - en seh - re!
sehn,   und grüß sie,   und grüß sie al - le bei - de!

14. Dem Schutzengel

Andante

Gesang

1. O En - gel, mein — Schutz - en - gel mein,
2. Der Tag schleicht hin, — die Nacht geht an,
3. Weck mich aus mei - ner Träg - heit auf,
4. Be - schütz mich in — dem letz - ten Streit,
5. Das bitt ich durch — die Lieb — zu mir,

Pianoforte

p

du Got - tes E - del - kna - be, laß — mich dir an - be -
dein Licht in mir laß — schei - nen, zum Gu - ten mich all -
zur Tu - gend an mich trei - be; gelt, vor dem kur - zen
wenn Leib und Seel sich schei - den, be - gleit mich in — die
laß die - ser mich ge - nie - ßen, zur — Lieb bin ich — ver -

foh - len sein, so - lang ich O - dem ha - be.
zeit — er - mahn, mein Herz zieh nach — dem dei - nen.
Le - bens - lauf, den Tod ins Herz — mir — schrei - be.
E - wig - keit, wo — Freud ist son - der — Lei - den.
pflich - tet dir, in — Lieb will ich — be - schlie - ßen.